Inhaltsverzeichnis

Träume und Wünsche

1.

Was ist der erstaunlichste Traum, den du je hattest?

2.

Träumst du jemals in Farbe? An welche Farben erinnerst du dich?

3.

Wenn du in deinen Träumen ein magisches Haustier haben könntest, welches wäre es?

365? FRAGEN an dein KIND

JULIA CLARK

Träume und Wünsche

4.

Wenn du in deinen Träumen eine Superkraft haben könntest, welche wäre das?

5.

Was ist der gruseligste Traum, den du je hattest?

6.

Hast du jemals ein Problem in deinen Träumen gelöst?

Träume und Wünsche

7.

Was wünschst du dir zu tun, was du jetzt noch nicht tun kannst?

8.

Wenn du drei Wünsche wahr werden lassen könntest, welche wären das?

9.

Glaubst du, dass Tiere träumen? Wovon?

Träume und Wünsche

10.

Wenn du in deinen Träumen irgendwohin reisen könntest, wohin würdest du gehen?

11.

Glaubst du, dass Träume die Zukunft vorhersagen können?

12.

Wenn du dein Traumhaus bauen könntest, welche besonderen Merkmale hätte es?

Träume und Wünsche

13.

Was ist der lustigste Traum, an den du dich erinnerst?

14.

Hattest du jemals einen Traum, der dich zum Lachen gebracht hat, als du aufgewacht bist?

15.

Was ist der beste Traum, den du jemals mit einem Freund geteilt hast?

Träume und Wünsche

16.

Hast du einen wiederkehrenden Traum? Was passiert darin?

17.

Wenn du in deinen Träumen etwas erfinden könntest, was würdest du erfinden?

18.

Wenn du in einer Traumwelt leben könntest, wie würde sie aussehen?

Träume und Wünsche

19.

Wenn du in deinen Träumen jemanden treffen könntest, wer wäre das?

20.

Was ist etwas, was du davon geträumt hast, mit deinen Freunden zu tun?

21.

Hast du jemals davon geträumt, berühmt zu sein? Wofür bist du berühmt?

Träume und Wünsche

22.

Wovon träumst du zu tun, wenn du erwachsen bist?

23.

Führst du ein Traumtagebuch? Würdest du gerne?

24.

Hattest du jemals einen Traum, der sich völlig real anfühlte?

Träume und Wünsche

25.

Wenn du in deinen Träumen eine Sache in der Welt ändern könntest, was wäre das?

26.

Wenn du für eine Nacht Träume mit jemandem tauschen könntest, mit wem wäre das?

27.

Wenn du einen Wunsch hättest, um jemand anderem zu helfen, wen würdest du helfen und wie?

Träume und Wünsche

28.

Hattest du jemals einen Traum, in dem du ein Tier warst? Welches Tier warst du?

29.

Hattest du jemals einen Traum davon, in einem Film oder einem Buch zu sein? Worüber war das?

30.

Glaubst du, dass jeder Traum eine Bedeutung hat?

Träume und Wünsche

Welcher Ort, den du in deinen Träumen besucht hast, ist in deinem echten Leben noch unbekannt?

Familie und Freunde

1.

Was macht deinen besten Freund/deine beste Freundin so besonders?

2.

Wie löst du und deine Freunde Meinungsverschiedenheiten?

3.

Wer ist der beste Geschichtenerzähler in deiner Familie?

4.

Wenn du einen perfekten Tag mit deiner Familie planen könntest, was würde dazu gehören?

5.

Was ist etwas Neues, das du gerne mit deiner Familie ausprobieren würdest?

6.

Wenn du eine Regel in deiner Familie ändern könntest, welche wäre das?

Familie und Freunde

7.

Was ist deine liebste Erinnerung mit einem Freund/einer Freundin?

8.

Wer ist dein Vorbild in deiner Familie und warum?

9.

Was schätzt du am meisten an deinen Freunden?

Familie und Freunde

10.

Wer in deiner Familie bringt dich am meisten zum Lachen und warum?

11.

Was habt du und dein bester Freund/deine beste Freundin gemeinsam?

12.

Wie unterstützt dich deine Familie in schwierigen Zeiten?

Familie und Freunde

13.

Wie zeigst du deinen Freunden, dass du dich um sie kümmerst?

14.

Wie denkst du, würden deine Freunde dich beschreiben?

15.

Wenn du und ein Freund/eine Freundin für einen Tag das Leben tauschen könntest, wen würdest du wählen und warum?

Familie und Freunde

16.

Was bewunderst du am meisten an deinen Eltern oder Erziehungsberechtigten?

17.

Wenn du eine neue Familientradition erfinden könntest, welche wäre das?

18.

Mit welchem Familienmitglied bist du am ähnlichsten und in welcher Hinsicht?

Familie und Freunde

19.

Wenn du mit einem Freund/einer Freundin in den Urlaub fahren könntest, wohin würdest du gehen und warum?

20.

Was ist die wichtigste Lektion, die du von einem Freund/einer Freundin gelernt hast?

21.

Was ist deine Lieblingsbeschäftigung mit deinen Freunden?

Familie und Freunde

22.

Was ist das lustigste, was je mit deiner Familie passiert ist?

23.

Wie feiert deine Familie besondere Anlässe?

24.

Wie knüpfst du neue Freundschaften und worauf achtest du bei einem Freund/einer Freundin?

Familie und Freunde

25.

Wenn du deinem besten Freund/deiner besten Freundin eine Superkraft geben könntest, welche wäre das?

26.

Was ist das beste Geschenk, das du je von einem Freund/ einer Freundin oder einem Familienmitglied erhalten hast?

27.

Was ist etwas Lustiges oder Einzigartiges an deiner Familie?

Familie und Freunde

(28.)

Was ist der beste Rat, den dir ein Familienmitglied je gegeben hat?

Essen und Trinken

1.

Was ist dein Lieblingsessen, das du mit deiner Familie isst?

2.

Was ist die farbenfrohste Mahlzeit, die du je gegessen hast?

3.

Wenn du einen magischen Kühlschrank hättest, der immer dein Lieblingsessen enthält, was wäre darin?

Essen und Trinken

4.

Wenn du eine neue Eissorte erfinden könntest, welche wäre das?

5.

Bevorzugst du süße oder herzhafte Frühstücke?

6.

Was ist dein Lieblingsessen aus einer anderen Kultur?

Essen und Trinken

7.

Was ist das ungewöhnlichste Essen, das du je probiert hast?

8.

Wenn du aufgrund des Essens in ein Land reisen könntest,
wohin würdest du gehen?

9.

Hattest du schon einmal eine Essensschlacht? Wie war das?

Essen und Trinken

10.

Wenn du mit einer berühmten Person zu Abend essen könntest, wer wäre das und was würdest du essen?

11.

Was ist dein Lieblingsessen an Feiertagen?

12.

Was ist das Beste zu trinken an einem heißen Tag?

Essen und Trinken

13.

Gibt es ein Essen, das du früher nicht mochtest, aber jetzt gerne isst?

14.

Hast du schon einmal bei einem Familienrezept geholfen? Was hast du gemacht?

15.

Wenn du einen Schokoriegel herstellen könntest, was wäre darin?

Essen und Trinken

16.

Wenn du irgendeine Art von Essen in deinem Garten anbauen könntest, welches wäre das?

17.

Was ist das Beste an deinem Schulessen?

18.

Was isst du am liebsten an einem kalten Tag?

Essen und Trinken

19.

Was ist das beste Dessert, das du je gegessen hast?

20.

Wenn du Koch/Köchin wärst, welches Restaurant würdest du eröffnen?

21.

Wie sieht dein perfekter Geburtstagskuchen aus?

Essen und Trinken

22.

Kannst du alleine ein Essen kochen? Was würdest du machen?

23.

Was ist dein Lieblingssnack für einen Filmabend?

24.

Warst du schon einmal auf einem Essenfestival? Was hat dir am besten gefallen?

Essen und Trinken

25.

Was ist deine Lieblingsfrucht und warum?

26.

Hast du ein Lieblingsessen, das andere seltsam finden?

27.

Was ist die seltsamste Kombination von Lebensmitteln, die du je gegessen hast?

Essen und Trinken

28.

Wenn du für den Rest deines Lebens nur noch ein Essen essen dürftest, welches wäre das?

29.

Was ist das leckerste, was du je gekocht oder gebacken hast?

30.

Isst du lieber hausgemachte Mahlzeiten oder gehst du lieber essen?

Essen und Trinken

31.

Wenn du ein Obst oder Gemüse sein könntest, welches wärst du und warum?

Regenwald, Wüste, Meer

1.

Welche Arten von Tieren leben im Regenwald?

2.

Wie halten sich Tiere in Polargebieten warm?

3.

Wie überleben Pflanzen in bergigem Gelände?

Regenwald, Wüste, Meer

4.

Wie atmen Fische unter Wasser?

5.

Was ist die größte Bedrohung für Regenwälder heute?

6.

Was ist ein Lebensraum?

Regenwald, Wüste, Meer

7.

Welche Anpassungen haben Tiere in der Wüste, um zu überleben?

8.

Wie heißt der tiefste Teil des Ozeans?

9.

Warum sind Polargebiete so kalt?

Regenwald, Wüste, Meer

10.

Was ist der höchste Berg der Welt?

11.

Warum gibt es in Wüsten so wenig Regen?

12.

Wenn du jeden Lebensraum der Welt besuchen könntest, welchen würdest du wählen und warum?

Regenwald, Wüste, Meer

13.

Warum ist das Meer salzig?

14.

Gibt es auch kalte Wüsten?

15.

Kannst du drei Tiere nennen, die in Polargebieten leben?

Regenwald, Wüste, Meer

16.

Wie entstehen Berge?

17.

Kannst du drei Meerestiere nennen, die keine Fische sind?

18.

Was kannst du tun, um die Umwelt zu schützen?

Regenwald, Wüste, Meer

19.

Was ist der Unterschied zwischen der Arktis und der Antarktis?

20.

Welche Tiere leben in den Bergen, die man in anderen Lebensräumen nicht findet?

21.

Warum ist es wichtig, verschiedene Lebensräume zu schützen?

Regenwald, Wüste, Meer

22.

Warum sind Regenwälder wichtig für die Umwelt der Erde?

23.

Was geschieht mit den Polkappen?

24.

Kannst du einen Lebensraum nennen, über den wir noch nicht gesprochen haben?

Regenwald, Wüste, Meer

25.

Was sind Korallenriffe und warum sind sie wichtig?

26.

Warum ist es auf der Spitze eines Berges kälter?

27.

Wie denkst du, wäre es, in einer Wüste zu leben?

Regenwald, Wüste, Meer

28.

Kannst du eine Pflanze nennen, die in der Wüste wächst? Wie überlebt sie?

29.

Kannst du Medikamente nennen, die aus Pflanzen des Regenwaldes stammen?

30.

Wie bekommen Pflanzen im Regenwald genug Sonnenlicht?

1.

Was ist das schnellste Tier an Land?

2.

Was ist der Unterschied zwischen einem Reptil und einem Amphibium?

3.

Wie kann man das Alter eines Baumes bestimmen?

Tiere und Pflanzen

4.

Wie stellen Pflanzen ihre eigene Nahrung her?

5.

Welche Pflanze wächst am schnellsten?

6.

Was ist das kleinste Säugetier der Welt?

Tiere und Pflanzen

7.

Warum halten einige Tiere Winterschlaf?

8.

Warum werden manche Tiere bedroht?

9.

Warum haben Tiere verschiedene Arten von Zähnen?

Tiere und Pflanzen

10.

Kannst du eine Pflanze nennen, die Insekten frisst?

11.

Was ist Photosynthese?

12.

Was verursacht das Blühen von Blumen?

Tiere und Pflanzen

13.

Was ist das größte Säugetier der Welt?

14.

Kannst du ein ausgestorbenes Tier nennen?

15.

Kannst du ein Tier nennen, das seine Farbe ändern kann?

Tiere und Pflanzen

16.

Wie helfen Bienen den Pflanzen?

17.

Wie kommunizieren Wale miteinander und warum sind ihre
Gesänge so besonders?

18.

Wie nutzen Pflanzen Wasser?

Tiere und Pflanzen

19.

Welches Tier ist bekannt für die längste Migration?

20.

Was ist der höchste Baum der Welt?

21.

Welches Tier hat die längste Lebensdauer?

Tiere und Pflanzen

22.

Warum verfärben sich die Blätter im Herbst?

23.

Warum wandern einige Vögel?

24.

Warum haben manche Pflanzen Dornen?

Tiere und Pflanzen

25.

Kannst du drei nachtaktive Tiere nennen?

26.

Was ist der Unterschied zwischen einem Insekt und einer Spinne?

27.

Was ist der häufigste Vogel der Welt?

Tiere und Pflanzen

28.

Wie überleben Kakteen in der Wüste?

29.

Warum haben manche Tiere Muster auf ihrer Haut oder ihrem Fell?

30.

Wie passen sich Tiere an ihre Umgebung an?

31.

Was sind die Hauptunterschiede zwischen einem Reptil und einem Amphibium?

____

____

____

Reisen und Urlaub

1.

Welches Land würdest du gerne besuchen und warum?

2.

Über die Geschichte welchen Ortes würdest du gerne mehr erfahren?

3.

Wenn du dein Traum-Ferienhaus bauen könntest, wo wäre es und wie würde es aussehen?

Reisen und Urlaub

4.

Wie sagt man „Hallo" in drei verschiedenen Sprachen?

5.

Welche Souvenirs würdest du auf einer Reise kaufen?

6.

Was kann man an einem verschneiten Tag machen?

Reisen und Urlaub

7.

Was ist dein Lieblingsfeiertag und wie feierst du ihn?

8.

Warst du schon einmal campen? Was hat dir daran gefallen?

9.

Warst du schon einmal in einem Museum? Was war deine Lieblingsausstellung?

Reisen und Urlaub

10.

Wenn du in einem Raumschiff irgendwohin reisen könntest, wohin würdest du gehen?

11.

Was ist das beste Verkehrsmittel: Auto, Flugzeug, Boot oder Zug?

12.

Was ist der beste Strand, den du je besucht hast oder besuchen möchtest?

Reisen und Urlaub

13.

Welche drei Dinge würdest du für eine Reise zum Strand einpacken?

14.

Kannst du ein berühmtes Festival in einem anderen Land nennen?

15.

Kannst du dir ein Spiel für eine lange Autofahrt ausdenken?

Reisen und Urlaub

16.

Was ist die interessanteste Sehenswürdigkeit, die du besucht
hast oder besuchen möchtest?

17.

Welches Essen aus einem anderen Land würdest du gerne
probieren?

18.

Was ist wichtig zu beachten, wenn man an einen neuen Ort
reist?

Reisen und Urlaub

19.

Kannst du einen Feiertag nennen, der in einem anderen Land, aber nicht in deinem gefeiert wird?

20.

Wenn du in den Bergen Urlaub machen könntest, was würdest du dort tun?

21.

Was ist deine liebste Feiertagstradition in deiner Familie?

Reisen und Urlaub

22.

Was würdest du gerne sehen, wenn du eine große Stadt besuchst?

23.

Was ist das interessanteste Tier, das du auf einer Reise gesehen hast?

24.

Wenn du in der Zeit zurückreisen und ein historisches Ereignis besuchen könntest, welches wäre das?

Reisen und Urlaub

25.

Wenn du auf Safari gehen könntest, welche Tiere würdest du gerne sehen?

26.

Wie denkst du, feiern Menschen in verschiedenen Ländern Neujahr?

27.

Bevorzugst du entspannende Urlaube oder solche voller Abenteuer?

Reisen und Urlaub

28.

Was machst du am liebsten in den Sommerferien?

29.

Welchen Ort hast du besucht, der ein anderes Wetter als zu Hause hatte?

30.

Was würdest du auf einer Postkarte an einen Freund über dein bestes Urlaubserlebnis schreiben?

Sport und Hobbys

1.

Welchen Sport spielst du am liebsten und warum?

2.

An welchen Sport erinnerst du dich als erstes gespielt zu haben?

3.

Wie fühlst du dich beim Sport oder bei Hobbys?

Sport und Hobbys

4.

Welches Musikinstrument würdest du gerne lernen?

5.

Malst oder zeichnest du gerne? Was erschaffst du am liebsten?

6.

Wenn du ein Videospiel entwerfen könntest, worum würde es gehen?

Sport und Hobbys

7.

Für welche Hobbys begeisterst du dich am meisten?

8.

Was war das Schwierigste, was du in einem Sport oder Hobby gelernt hast?

9.

Wie übst und verbesserst du dich in deinem Lieblingssport oder Hobby?

Sport und Hobbys

10.

Wer ist dein Lieblingssportler und was bewunderst du an ihm/ihr?

11.

Wenn du eine berühmte Person aus der Welt des Sports treffen könntest, wer wäre das?

12.

Was ist das Interessanteste, das du gebaut oder erschaffen hast?

Sport und Hobbys

13.

Hast du schon einmal einen Sport ausprobiert, den du
herausfordernd fandest?

14.

Welches Hobby könntest du mit deiner Familie gemeinsam
genießen?

15.

Wenn du eine Reise im Zusammenhang mit deinem Hobby
machen könntest, wohin würdest du gehen?

Sport und Hobbys

16.

Was ist die kreativste Sache, die du gerne tust?

17.

Warst du schon einmal bei einem Live-Sportereignis? Was hat dir daran gefallen?

18.

Welchen Sport findest du interessant, hast ihn aber noch nicht ausprobiert?

Sport und Hobbys

19.

Wenn du in einer Sportart Champion sein könntest, welche wäre das?

20.

Welche Outdoor-Aktivität machst du am liebsten?

21.

Was ist dein Lieblings-Brett- oder Kartenspiel, das du mit Freunden oder Familie spielst?

Sport und Hobbys

22.

Welche Buchgattung liest du am liebsten?

23.

Wenn du einen neuen Sport erfinden könntest, welche
Regeln hätte er?

24.

Hast du schon einmal eine Geschichte, ein Gedicht oder ein
Lied geschrieben? Worum ging es?

Sport und Hobbys

25.

Bevorzugst du Mannschaftssportarten oder Einzelsportarten?

26.

Was kochst oder backst du am liebsten?

27.

Welches neue Hobby möchtest du dieses Jahr beginnen?

Sport und Hobbys

28.

Welches ungewöhnliche Hobby würdest du gerne
ausprobieren?

29.

Hast du einen Lieblingstanzstil?

30.

Sammelst du etwas? Was sammelst du?

31.

An welchem Projekt hattest du bisher am meisten Spaß?

Weltraum und Galaxie

1.

Wie viele Planeten gibt es in unserem Sonnensystem?

2.

Warum funkeln Sterne?

3.

Wie schlafen Astronauten im Weltraum?

Weltraum und Galaxie

4.

Was ist ein schwarzes Loch?

5.

Was würde passieren, wenn es keinen Mond gäbe?

6.

Was ist ein Satellit und was macht er?

Weltraum und Galaxie

7.

Kannst du den größten Planeten in unserem Sonnensystem nennen?

8.

Wie finden Wissenschaftler Planeten in anderen Sonnensystemen?

9.

Welcher ist der am weitesten von der Sonne entfernte Planet?

Weltraum und Galaxie

10.

Was ist der Unterschied zwischen einem Stern und einem Planeten?

11.

Aus was bestehen Asteroiden?

12.

Wie essen und trinken Astronauten im Weltraum?

Weltraum und Galaxie

13.

Wie entkommt eine Rakete der Erdanziehungskraft?

14.

Welcher ist der heißeste Planet in unserem Sonnensystem?

15.

Wie schnell ist das Licht?

Weltraum und Galaxie

16.

Was ist die Milchstraße?

17.

Warum wird der Mars der Rote Planet genannt?

18.

Warum können wir auf anderen Planeten nicht atmen?

Weltraum und Galaxie

19.

Wie lange dauert es, bis das Licht der Sonne die Erde erreicht?

20.

Was ist Schwerelosigkeit?

21.

Was ist ein Zwergplanet?

22.

Aus was bestehen Kometen?

23.

Wie viele Monde hat Jupiter?

24.

Wie schützen Raumanzüge Astronauten?

Weltraum und Galaxie

25.

Kannst du irgendwelche Sternbilder nennen, die du nachts siehst?

26.

Was verursacht eine Sonnenfinsternis?

27.

Aus was bestehen die Ringe des Saturn?

Weltraum und Galaxie

28.

Wie ist die Temperatur auf dem Mond?

29.

Was ist der Große Rote Fleck auf dem Jupiter?

30.

Kannst du ein berühmtes Weltraumteleskop nennen?

Weltraum und Galaxie

Was könnte man in einer weit, weit entfernten Galaxie sehen?

Bücher, Serien und Filme

1.

Was ist dein Lieblingsbuch und warum?

2.

Wenn du eine Superkraft aus einem Buch oder Film haben könntest, welche wäre das?

3.

In welcher Buch- oder Filmwelt würdest du gerne leben?

Bücher, Serien und Filme

4.

Mit welcher Buchfigur würdest du gerne befreundet sein?

5.

Was ist der lustigste Film, den du je gesehen hast?

6.

Was ist das letzte Buch, das du gelesen hast?

Bücher, Serien und Filme

7.

Hast du schon einmal ein Buch gelesen, das dich laut zum Lachen gebracht hat?

8.

Kannst du ein Buch nennen, das besser ist als der Film?

9.

Wenn du eine Figur aus einem Buch oder Film treffen könntest, wer wäre das?

Bücher, Serien und Filme

10.

Welchen Film kannst du immer wieder anschauen?

11.

Wenn du einen Film drehen könntest, worum würde es gehen?

12.

Was ist der inspirierendste Film, den du je gesehen hast?

Bücher, Serien und Filme

13.

In welchem Film würdest du gerne mitspielen?

14.

Liest du lieber das Buch, bevor du den Film siehst?

15.

Hast du einen Lieblingsfilmregisseur? Wer ist es und warum?

Bücher, Serien und Filme

16.

Welche Buchserie fandest du am spannendsten?

17.

Was ist dein Lieblingszeichentrickfilm oder Animationsfilm?

18.

Welches Buch oder welcher Film hat deine Sicht auf die Welt verändert?

Bücher, Serien und Filme

19.

Wenn du ein Buch schreiben könntest, worüber wäre es?

20.

Welches Buch hat den überraschendsten Plot-Twist?

21.

Was ist der beste Abenteuerfilm, den du je gesehen hast?

Bücher, Serien und Filme

22.

Welches Buch sollte deiner Meinung nach verfilmt werden?

23.

Was ist dein Lieblingsbuchgenre?

24.

Gibt es Bücher oder Filme, auf die du dich freust?

Bücher, Serien und Filme

25.

Wer ist dein Lieblingsautor und warum?

26.

Wer ist deine Lieblingsfilmfigur und warum?

27.

Wenn du mit einem Autor zu Abend essen könntest, wer
wäre das?

Bücher, Serien und Filme

28.

Hast du schon einmal ein Buch gelesen, das dir Angst gemacht hat?

29.

Hast du schon einmal einen Film gesehen, der besser war als das Buch?

30.

Welcher Film hat die besten Spezialeffekte, die du je gesehen hast?

Kunst und Musik

1.

Was ist dein Lieblingslied und warum magst du es?

2.

Was ist dein Lieblingskunstprojekt, das du je gemacht hast?

3.

Warst du schon einmal bei einem Live-Konzert oder
Musikfestival?

Kunst und Musik

4.

Kannst du drei berühmte Künstler aus der Geschichte nennen?

5.

Bevorzugst du Musik mit Texten oder Instrumentalmusik?

6.

Kannst du ein Lied nennen, das eine Geschichte erzählt?

Kunst und Musik

7.

Welche Art von Musik macht dich glücklich?

8.

Wenn du ein Wandgemälde malen könntest, was würdest du darstellen?

9.

Was würde in deinem Traumkunstatelier stehen?

Kunst und Musik

10.

Hast du schon einmal versucht, etwas aus der Natur zu zeichnen oder zu malen?

11.

Wer ist ein berühmter Musiker aus deinem Land?

12.

Wenn du ein Albumcover gestalten könntest, wie würde es aussehen?

Kunst und Musik

13.

Welches Instrument würdest du gerne lernen zu spielen?

14.

Kannst du einen Film mit toller Musik nennen?

15.

Wer ist dein Lieblingssänger oder deine Lieblingsband?

Kunst und Musik

16.

Kannst du ein berühmtes Gemälde nennen? Wer hat es gemalt?

17.

Was ist der beste Tanz, den du je gesehen hast?

18.

Hast du schon einmal an einem Schultheaterstück oder Musical teilgenommen?

Kunst und Musik

19.

Welche Art von Kunst machst du am liebsten (Zeichnen, Malen, Bildhauerei)?

20.

Wenn du irgendeinen Künstler oder Musiker treffen könntest, wer wäre das?

21.

Welche Art von Musik würden Tiere wohl mögen?

Kunst und Musik

22.

Hast du ein Lieblingsmusikvideo? Was gefällt dir daran?

23.

Wie beeinflusst Musik deine Stimmung?

24.

Wenn du ein neues Musikinstrument kreieren könntest, wie würde es klingen?

Kunst und Musik

25.

Welche Farben würdest du verwenden, um einen Sonnenuntergang zu malen?

26.

Welche Kunstepoche oder welcher Stil interessiert dich am meisten?

27.

Was ist das ungewöhnlichste Kunstmaterial, das du je verwendet hast?

Kunst und Musik

28.

Was ist die interessanteste Skulptur, die du je gesehen hast?

29.

Kennst du Lieder in einer anderen Sprache?

30.

Hast du schon einmal versucht, dein eigenes Lied oder deine eigene Musik zu schreiben?

Kunst und Musik

Kannst du ein Kunstwerk oder Lied nennen, das dich friedlich oder ruhig macht?

Länder und Städte

1.

Was ist die Hauptstadt von Japan?

2.

Welche Amtssprachen gibt es in der Schweiz?

3.

Welche Sprache wird hauptsächlich in Russland gesprochen?

Länder und Städte

4.

Kannst du eine Stadt nennen, in der man das Nordlicht sehen kann?

5.

Welche Stadt wird als „Stadt der Liebe" bezeichnet?

6.

Welches Land ist berühmt für die Erfindung der Pizza?

Länder und Städte

7.

Welche Sprache spricht man in Mexiko?

8.

Was ist die Hauptstadt von Kanada?

9.

In welcher Stadt findest du den Burj Khalifa?

Länder und Städte

10.

Welches Land ist bekannt für seine große Känguru-Population?

11.

Kannst du ein Land nennen, das auch ein Kontinent ist?

12.

Was ist das Nationaltier Indiens?

Länder und Städte

13.

In welcher Stadt findet man die Freiheitsstatue?

14.

In welcher Stadt befindet sich das Louvre Museum?

15.

Welches Land ist bekannt für die Tradition des Nachmittagstees?

Länder und Städte

16.

Welche Währung wird in Deutschland verwendet?

17.

In welchem Land befindet sich der Berg Kilimandscharo?

18.

Welche Währung wird in China verwendet?

Länder und Städte

19.

Welches Land hat das Great Barrier Reef?

20.

Was ist die Hauptstadt von Ägypten?

21.

In welcher Stadt kannst du die Akropolis besuchen?

Länder und Städte

22.

Kannst du die Stadt nennen, die für ihr antikes Kolosseum berühmt ist?

23.

Kannst du eine Stadt nennen, die für ihre Kanäle und Gondeln berühmt ist?

24.

Was ist der Nationalsport Brasiliens?

Länder und Städte

25.

Was ist die Nationalblume Englands?

26.

Wie nennt man die traditionelle Tracht in Schottland?

27.

In welcher Stadt befindet sich die weltberühmte Golden Gate Bridge?

Länder und Städte

28.

In welcher Stadt befindet sich das Sydney Opera House?

29.

Welches Land wird als das Land des Kiwi-Vogels bezeichnet?

30.

Welche Farben hat die Flagge Spaniens?

Würdest du lieber?

1.

Würdest du lieber fliegen können oder unsichtbar sein?

2.

Würdest du lieber Gedanken lesen oder die Zukunft vorhersagen können?

3.

Würdest du lieber immer singen statt zu sprechen oder überall tanzen, wo du hingehst?

Würdest du lieber?

4.

Hättest du lieber ein Haustier-Dinosaurier oder einen Drachen?

5.

Würdest du lieber einen neuen Planeten erkunden oder die tiefsten Teile des Ozeans?

6.

Hättest du lieber ein persönliches Raumschiff oder ein persönliches U-Boot?

Würdest du lieber?

7.

Wärst du lieber der beste Spieler in einem verlierenden Team oder der schlechteste Spieler in einem gewinnenden Team?

8.

Hättest du lieber einen Roboter als besten Freund oder ein sprechendes Haustier?

9.

Würdest du lieber neue Eissorten kreieren oder neue Spielzeuge erfinden?

Würdest du lieber?

10.

Würdest du lieber unter Wasser leben oder im Weltraum?

11.

Würdest du lieber Feuer oder Wasser kontrollieren können?

12.

Würdest du lieber ein Picknick in einem schönen Wald oder an einem Sandstrand machen?

Würdest du lieber?

13.

Hättest du lieber Supergeschwindigkeit oder Superstärke?

14.

Würdest du lieber in einem Baumhaus oder einer Höhle leben?

15.

Würdest du lieber unglaublich hoch springen oder unglaublich schnell rennen können?

Würdest du lieber?

16.

Würdest du lieber alle Fremdsprachen sprechen können oder mit Tieren sprechen können?

17.

Würdest du lieber die Fähigkeit haben, deine Farbe wie ein Chamäleon zu wechseln oder die Beweglichkeit eines Affen zu haben?

18.

Würdest du lieber unter Wasser atmen oder die Beweglichkeit einer Katze haben können?

Würdest du lieber?

19.

Wärst du lieber ein berühmter Erfinder oder ein berühmter Künstler?

20.

Würdest du lieber nie schlafen müssen oder nie essen müssen?

21.

Wärst du lieber ein Experte im Malen oder im Bildhauen?

22.

Wärst du lieber ein Zauberer oder ein Superheld?

23.

Würdest du lieber dich teleportieren oder durch die Zeit reisen können?

24.

Würdest du lieber Pflanzen schnell wachsen lassen oder das Wetter kontrollieren können?

Würdest du lieber?

25.

Hättest du lieber eine Zeitmaschine oder einen fliegenden Teppich?

26.

Wärst du lieber ein berühmter Sportler oder ein berühmter Musiker?

27.

Hättest du lieber einen magischen Kleiderschrank, der immer Kleidung hat, die dir gefällt, oder einen unendlichen Vorrat an deinen Lieblingssnacks?

Würdest du lieber?

28.

Würdest du lieber in einer Welt voller Magie oder einer Welt mit fortgeschrittener Technologie leben?

29.

Würdest du lieber jedes Musikinstrument spielen können oder in jeder Sportart geschickt sein?

30.

Würdest du lieber in jedes Tier, das du berührst, verwandeln können oder jede Verletzung oder Krankheit heilen können?

Würdest du lieber?

31.

Würdest du lieber in einem Schloss oder auf einem
Raumschiff leben?

Vielen Dank für den Kauf dieses Buches!

Bitte bewerten Sie uns auf Amazon!

Liebe Kunden,

wir hoffen, dass Sie mit unseren Produkten und unserem Service zufrieden sind. Ihre Meinung ist uns sehr wichtig, da sie uns dabei hilft, unsere Produkte und Dienstleistungen stetig zu verbessern.

Wenn Sie eine positive Erfahrung mit uns gemacht haben, würden wir uns sehr darüber freuen, wenn Sie uns auf Amazon bewerten könnten. Ihre Bewertung ist für uns und andere potenzielle Kunden von großer Bedeutung.

So können Sie uns auf Amazon bewerten:

1. Besuchen Sie unsere Produktseite auf Amazon.
2. Klicken Sie auf den Reiter "Kundenrezensionen".
3. Wählen Sie "Eine Bewertung schreiben" aus.
4. Teilen Sie Ihre Erfahrungen und geben Sie uns Ihre Bewertung.

Vielen Dank im Voraus für Ihre Unterstützung!

9 788839 698745 7